O SANTO ROSÁRIO

DE: ....

PARA: ....

O SANTO ROSÁRIO

Petrópolis

© 1988, Editora Vozes Ltda.
Rua Frei Luis, 100
25689-900 Petrópolis, RJ
www.vozes.com.br
Brasil

12ª edição, 2013.

8ª reimpressão, 2025.

Todos os direitos reservados. Nenhuma parte desta obra poderá ser reproduzida ou transmitida por qualquer forma e/ou quaisquer meios (eletrônico ou mecânico, incluindo fotocópia e gravação) ou arquivada em qualquer sistema ou banco de dados sem permissão escrita da editora.

CONSELHO EDITORIAL	PRODUÇÃO EDITORIAL
Diretor Volney J. Berkenbrock	Anna Catharina Miranda Eric Parrot Jailson Scota
Editores Aline dos Santos Carneiro Edrian Josué Pasini Marilac Loraine Oleniki Welder Lancieri Marchini	Marcelo Telles Mirela de Oliveira Natália França Priscilla A.F. Alves Rafael de Oliveira
Conselheiros Elói Dionísio Piva Francisco Morás Teobaldo Heidemann Thiago Alexandre Hayakawa	Samuel Rezende Verônica M. Guedes
Secretário executivo Leonardo A.R.T. dos Santos	

ISBN 978-85-326-1969-3

Este livro foi composto e impresso pela Editora Vozes Ltda.

O Rosário é uma forma de oração vocal e mental sobre os Mistérios de nossa Redenção, dividido entre 20 dezenas. A recitação de cada dezena é acompanhada pela meditação de um dos 20 eventos ou "mistérios".

COMO SE REZA O ROSÁRIO

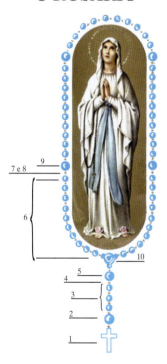

1. Faça o sinal da cruz e reze o Creio.

2. Oração inicial e o Pai-Nosso.

3. Reze três Ave-Marias.

4. Reze o Glória-ao-Pai.

5. Anuncie o Primeiro Mistério e reze o Pai-Nosso.

6. Reze dez Ave-Marias enquanto medita o Mistério.

7. Reze o Glória-ao-Pai.

8. Depois de cada dezena reze a oração seguinte, como nos pediu a Virgem em Fátima:

"Ó meu Bom Jesus, perdoai-nos, livrai-nos do fogo do inferno, levai as almas todas para o céu, e socorrei principalmente as que mais precisarem".

9. Anuncie o Segundo Mistério. Depois reze o Pai-Nosso. Repita os números 6, 7 e 8 (veja acima). Continue com o Terceiro, Quarto e Quinto Mistérios da mesma forma, até terminar.

10. Reze a Salve-Rainha depois de terminar as cinco dezenas.

Nota: De modo geral, rezam-se os Mistérios Gozosos às segundas-feiras e sábados, os Mistérios Luminosos às quintas-feiras, os Mistérios Dolorosos às terças e sextas-feiras, os Mistérios Gloriosos às quartas-feiras e domingos.

Oração inicial

Senhor Jesus, disponho-me a rezar agora os mistérios do terço. Pela meditação dos mistérios da nossa redenção espero poder aumentar minha fé e minha caridade. Concedei-me uma piedosa e recolhida oração pela intercessão de vossa Mãe Santíssima.

I. Mistérios Gozosos
(segundas-feiras e sábados)

1º No primeiro mistério contemplamos como a Virgem Maria foi saudada pelo anjo e lhe foi anunciado que havia de conceber e dar à luz Cristo, nosso Redentor (Lc 1,26-38).

Pai-Nosso, 10 Ave-Marias e 1 Glória--ao-Pai.

 2º No segundo mistério contemplamos como a Virgem Maria foi visitar sua prima Isabel e ficou com ela três meses (Lc 1,39-56).

Pai-Nosso, 10 Ave-Marias e 1 Glória-ao-Pai.

3º No terceiro mistério contemplamos o nascimento de Jesus em Belém e como, por não achar lugar na estalagem da cidade, Maria colocou-o numa manjedoura (Lc 2,1-15).

Pai-Nosso, 10 Ave-Marias e 1 Glória-ao-Pai.

4º No quarto mistério contemplamos a apresentação de Jesus no templo onde estava o velho Simeão, que, tomando-o em seus braços, louvou e deu muitas graças a Deus (Lc 2,22-32).

Pai-Nosso, 10 Ave-Marias e 1 Glória-
-ao-Pai.

5º No quinto mistério contemplamos Jesus encontrado no templo entre os doutores (Lc 2,42-52).

Pai-Nosso, 10 Ave-Marias e 1 Glória-
-ao-Pai.

II. Mistérios Luminosos
(quintas-feiras)

1º No primeiro mistério contemplamos o batismo de Jesus no Rio Jordão (Mt 3,13-17).

Pai-Nosso, 10 Ave-Marias e 1 Glória--ao-Pai.

2º No segundo mistério contemplamos a autorrevelação de Jesus nas bodas de Caná da Galileia (Jo 2,1-11).

Pai-Nosso, 10 Ave-Marias e 1 Glória-ao-Pai.

3º No terceiro mistério contemplamos o anúncio do Reino de Deus por Jesus e seu convite à conversão (Mc 1, 14-15).

Pai-Nosso, 10 Ave-Marias e 1 Glória-ao-Pai.

4º No quarto mistério contemplamos a transfiguração de Jesus no Monte Tabor (Lc 9, 28-35).

Pai-Nosso, 10 Ave-Marias e 1 Glória-ao-Pai.

5º No quinto mistério contemplamos a instituição da Eucaristia como expressão sacramental do mistério pascal (Mc 14,22-24).

Pai-Nosso, 10 Ave-Marias e 1 Glória--ao-Pai.

III. Mistérios Dolorosos
(terças e sextas-feiras)

1º No primeiro mistério contemplamos a agonia mortal de Jesus no horto (Mc 14,32-42).

Pai-Nosso, 10 Ave-Marias e 1 Glória--ao-Pai.

 2º No segundo mistério contemplamos como Jesus foi cruelmente açoitado e flagelado na casa de Pilatos (Mt 27,26; Jo 19,1).

Pai-Nosso, 10 Ave-Marias e 1 Glória-ao-Pai.

3º No terceiro mistério contemplamos como Jesus foi coroado de agudos espinhos por seus algozes (Mt 27,27-30).

Pai-Nosso, 10 Ave-Marias e 1 Glória-ao-Pai.

4º No quarto mistério contemplamos como Jesus, sendo condenado à morte, carregou com grande paciência a cruz que lhe puseram nos ombros (Jo 19,17).

Pai-Nosso, 10 Ave-Marias e 1 Glória-
-ao-Pai.

5º No quinto mistério contemplamos a crucificação e morte de Jesus no alto do Calvário (Lc 23,33-46).

Pai-Nosso, 10 Ave-Marias e 1 Glória-
-ao-Pai.

IV. Mistérios Gloriosos
(quartas-feiras e domingos)

1º No primeiro mistério contemplamos a ressurreição triunfante de Jesus (Mc 16,1-7).

Pai-Nosso, 10 Ave-Marias e 1 Glória-ao-Pai.

 2º No segundo mistério contemplamos a ascensão de Jesus aos céus (At 1,6-11).

Pai-Nosso, 10 Ave-Marias e 1 Glória-
-ao-Pai.

3º No terceiro mistério contemplamos a vinda do Espírito Santo sobre os apóstolos (At 2, 1-4).

Pai-Nosso, 10 Ave-Marias e 1 Glória-
-ao-Pai.

4º No quarto mistério contemplamos a Assunção de Maria aos céus (cf. 1Cor 15,20-23. 53-55).

Pai-Nosso, 10 Ave-Marias e 1 Glória-ao-Pai.

5º No quinto mistério contemplamos a coroação de Maria Santíssima como Rainha e Senhora dos céus e da terra (cf. Lc 1,46-55; Ap 12,1-18).

Pai-Nosso, 10 Ave-Marias e 1 Glória--ao-Pai.

Oração final

Infinitas graças vos damos, soberana princesa, pelos benefícios que todos os dias recebemos de vossas mãos liberais. Dignai-vos, agora e sempre, tomar-nos debaixo de vosso poderoso amparo e, para mais vos obrigar, vos saudamos: Salve, Rainha... (cf. p. 31).

ORAÇÕES DO ROSÁRIO

SINAL DA CRUZ

Em nome do Pai e do Filho e do Espírito Santo. Amém.

CREIO

Creio em Deus Pai todo-poderoso, Criador do céu e da terra; e em Jesus Cristo, seu único Filho nosso Senhor, que foi concebido pelo poder do Espírito Santo; nasceu da Virgem Maria, padeceu sob Pôncio Pilatos, foi crucificado, morto e sepultado; desceu à mansão dos mortos; ressuscitou ao terceiro dia; subiu aos céus; está sentado à direita de Deus Pai todo-poderoso, donde há de vir a julgar os vivos e os mortos. Creio no Espírito

Santo, na santa Igreja Católica, na co-
munhão dos santos, na remissão dos pe-
cados, na ressurreição da carne, na vida
eterna. Amém.

PAI-NOSSO

Pai nosso que estais nos céus, santifica-
do seja o vosso nome; venha a nós o
vosso reino, seja feita a vossa vontade,
assim na terra como no céu.

O pão nosso de cada dia nos dai hoje;
perdoai-nos as nossas ofensas, assim
como nós perdoamos a quem nos tem
ofendido; e não nos deixeis cair em ten-
tação, mas livrai-nos do mal. Amém.

AVE-MARIA

Ave Maria, cheia de graça,
o Senhor é convosco;
bendita sois vós entre as mulheres,
bendito é o fruto do vosso ventre,
Jesus.

Santa Maria, Mãe de Deus,
rogai por nós, pecadores,
agora e na hora de nossa morte.
Amém.

GLÓRIA-AO-PAI

Glória ao Pai e ao Filho e ao Espírito
Santo. Assim como era no princípio,
agora e sempre. Amém.

SALVE-RAINHA

Salve, Rainha, Mãe de misericórdia, vida, doçura, esperança nossa, salve! A vós bradamos os degredados filhos de Eva. A vós suspiramos gemendo e chorando neste vale de lágrimas. Eia, pois, advogada nossa, esses vossos olhos misericordiosos a nós volvei, e depois deste desterro mostrai-nos Jesus, bendito fruto do vosso ventre, ó clemente, ó piedosa, ó doce sempre Virgem Maria.

Conecte-se conosco:

- **f** facebook.com/editoravozes
- **⊙** @editoravozes
- **𝕏** @editora_vozes
- **▶** youtube.com/editoravozes
- **☎** +55 24 2233-9033

www.vozes.com.br

Conheça nossas lojas:
www.livrariavozes.com.br

Belo Horizonte – Brasília – Campinas – Cuiabá – Curitiba
Fortaleza – Juiz de Fora – Petrópolis – Recife – São Paulo

EDITORA VOZES LTDA.
Rua Frei Luís, 100 – Centro – Cep 25689-900 – Petrópolis, RJ
Tel.: (24) 2233-9000 – E-mail: vendas@vozes.com.br